Gesichter des Lebens

Gedichte für jeden Tag und Jedermann

Michael Siegbert

Inhaltsangabe

ein Wort zuvor

Viele Möglichkeiten
liegen vor uns
in uns zu gehen
die Welt
mit anderen Augen
zu sehen
unseren Stand
in ihr
zu erkennen
unseren Weg
in ihr
zu benennen
abgelenkt
vom Trubel
unserer Zeit
weilen wir
auf Seelenstraßen

eine Ewigkeit
einen Tiefgang

durch uns
bringt den Aufwind
laß uns sehen
jeder mit sich
wie wir sind

Alles ist wie es sein soll

Verändert
ist die Zeit
verändert
ist das leben
verändert
ist die Zukunft

nur die Vergangenheit

ist wie sie war
unverändert
was war ist gewesen
kehrt nie wieder

was war ist vorbei
ist einfach vorbei

was verändert ist
ist anders als zuvor
was verändert ist

ist nicht so wie vorher

alles ist anders
und daher lebenswert
alles ist anders
und daher wünschenswert
alles ist anders
als jemals zuvor

Berechnend und eiskalt

sie ist braungebrannt
mit Tattoo´s überall
blondes langes Haar
ist schlank
wie ein Modell
sie weiß es
aber auch ganz genau
und das ist ihr Fehler
lässt andere es spüren
schlendert der Straße entlang
niemandes eines Blickes
würdigend, sie geht weiter
einfach weiter

wie die anderen sind
interessiert sie nicht
was die anderen fühlen

will sie nicht wissen
ihren Partner
sieht sie nur als Objekt
sie benutzt ihn nur
merkt es aber nicht
irgendwann wird sie es sehen

Der Weg mit dir

mein Herz schlägt
nur für dich
immer wieder
nur für dich
du bist mein
ich will bei dir sein
es geht nur mit dir
ohne dich
will ich nicht sein
einen Weg
ohne dich
kann ich nicht gehen
gehen ohne dich

das geht einfach nicht
es geht nur mit dir
nur mit dir
geht es vorwärts

Herz aus Stein

bist wie aus Metall
wie ein Körper aus dem All
glänzt wie aus Stahl
hast eine andere Wahl
könntest Gefühle zeigen
sich vor andere verneigen
hast keine Mine im Gesicht
Gefühl fällt nicht ins Gewicht
Du hast ein Herz aus Stein
wann wird es je anders sein

Was geschieht

was geschieht
hier
in unserer Welt
was geschieht
um uns
herum
was geschieht
durch
die anderen
was geschieht
während wir
dabei zu schauen
was geschieht
während wir
nichts tun
was auch geschieht
wir dürfen
nicht dabei zusehen

Ohne Dich

ohne dich geht´s nicht weiter
ohne dich will ich nicht weiter
weiter geht's ich glaub´s auch ohne dich
ohne dich geht´s nicht heiter
es geht auch ohne dich
ich hab´s nicht geglaubt
ohne dich geht´s nicht weiter
weiter geht´s ich glaub´s auch ohne dich
ohne dich geht´s nicht heiter
ohne dich will ich nicht weiter
ohne dich geht´s nicht heiter
es geht auch ohne dich
ich hab´s nicht geglaubt

Unser Weg vor uns

die Suche geht weiter
zum ersten Mal
immer wieder
heute Abend
und auch morgen
sehen wir alles
was uns berührt
Melodien des Lebens
lassen uns
wachsen
über uns hinaus

Verworren

verworren sind die Gedanken
wie auch immer sie sind
verworren sind die Erlebnisse
wie auch immer sie sind

Traum und Wirklichkeit

ein Wolkenschloss
in fremder Dimension

eine Wolkenwand
sie nicht verschwand

zieht an uns vorbei
einfach vorbei
halten es zurück
einfach zurück

ein Wolkenschloss
fest verbunden

eine Wolkenwand
undurchdringlich

zieht an uns vorbei

einfach vorbei
halten es zurück
einfach zurück

ein Wolkenschloss
durch scheinbar

eine Wolkenwand
die keine war

zieht an uns vorbei
einfach vorbei
halten es zurück
einfach zurück

ein Wolkenschloss
Prunkvoll

eine Wolkenwand
aus Samt und Seide

zieht an uns vorbei

einfach vorbei
halten es zurück
einfach zurück

ein Wolkenschloss
alles in fester Hand

eine Wolkenwand
mit dem Rücken an der Wand

zieht an uns vorbei
einfach vorbei
halten es zurück
einfach zurück

Sinn

wo liegt der Sinn
wohl in mir drin`
kann ihn fühlen
kann ihn spüren
es macht einen Sinn
tief in mir drin`
kann ihn sehen
kann ihn erkennen
ich lebe nach dem Sinn
den ich spüre in mir drin`
es wird weitergehen
ich werde es sehen
je nach dem, wo ist der Sinn
ganz bei mir drin`

Verstehen, was
ein anderer sieht

Gesehenes wird
gesehen
und auch verstanden

Erlebnisse werden
erlebt
und ebenso verstanden

Gefühle angespült
sind gefühlt
und werden verstanden

erahntes wird
geahnt

und ebenfalls verstanden

gespürtes wird

gespürt
und auch verstanden

Veränderung

ich habe Dich gestern gesehen
ist schon lang, lang her
seit dem ist fast nichts geschehen
Du bist noch genauso wie früher

wie damals seh´ich Dich
denke das kann doch nicht sein
keine Veränderung hinein sich schlich
das will bei mir nicht so rein

stehst Du immer noch auf der Stelle
standest Du immer auf dem selben Punkt
alles mal so auf die Schnelle
magst Du immer noch diesen Prunk

für mich bedeutet das alles nichts
der Mensch an sich steht im Mittelpunkt

alles andere bedeutet mir gar nichts
bei Dir hat's dahingehend nicht gefunkt

ich seh'im Menschen die Entwicklung
ich schaue nur nach vorn
mehr Schritt für Schritt die Veränderung
ich blicke niemals nur zurück

Schon wieder

ich lieg' schon wieder wach
und denke schon wieder an dich
schon wieder sehe ich dich
seh' dich in meinen Träumen
und das tut so unbeschreiblich gut
nimm' schon wieder mit auf die Reise
schon wieder in die große Zukunft
in bunte Visionen der Fantasie
und etwas Wirklichkeit

Unsere Gedanken

Die Gedanken sind frei,
sie schwirren so um mich herum
und gleiten einfach aus
und finden sich auch wieder,
es gibt kein zurück,
es geht nur weiter,
einfach geradeaus,

vergiss es nicht,
liegen auch neue Wege vor uns,
die wir erkunden können,
es ist ein Wagnis,
auf das es sich lohnt,
sich darauf einzulassen,

es gibt sie,
ganz bestimmt,

wirklich und ehrlich,
mal laut und mal leise,

so unwahrscheinlich nah,
so unglaublich weit,
mal langsam nähernd,
mal entgleisend weit fort,

was kommt auf uns zu,
was ändert sich,
was wird sein
in unserer kleinen heilen Welt,
wir gestalten sie,
wir erschaffen sie,
so wie sie wird,
nein so wie sie ist,
sie ist so wie wir sind.

Vergessen

Wenn ich nur wüsste,
was ich dachte,
als ich dich damals sah.
Wenn es mir nur einfiel,
wie es früher war.
Vergangenheit ist vergangenes,
und doch
immer noch Präsent.
Sie geht nicht verloren,
meistens jedenfalls.
Ich kann mich nicht
mehr daran erinnern.
Was auch immer ich tu
ich finde den Weg
nicht zu dir.
Einfach vergessen
was mal gewesen war.

Verbundenheit

meilenweit entfernt
und doch so nah
tief verbunden
in Gedanken
tiefverwurzelt
ohne Schranken
verbunden
übers weite Land
Hand in Hand
meilenweit entfernt
und doch so nah

ich kann Dich nie so ganz vergessen

Du bist noch bei mir
immer noch so nah
unwahrscheinlich nah
spür´ noch immer Deine Haut
so als wärst Du neben mir
hör´ noch immer Deine Stimme
als sprichst Du noch mit mir
seh´ noch immer Dein Gesicht
als stündest Du noch neben mir
rieche noch immer Deinen Duft
als wärst Du noch da
spüre immer noch Deine Haare
als streichle ich Dir grade den Kopf

ich kann Dich nie so ganz vergessen

was auch geschieht

Sie wusste nicht
was sie tat

Er ahnte nicht
was er tat

sie sahen nicht
was sie sahen

sie dachten nicht
was sie dachten

Er durchschaute nicht
was auch geschah

Sie durchblickte nicht
was zu durchschauen war

Unschuldig

frei weht der Wind
wie ein kleines Kind
spielt es an dem Tage
alles stets außer Frage
wie soll es denn sein
ich mach' mir keinen Reim
bloß gelegt vom Großen
mag gesund sich stoßen

Der Weg vom Leben

die Sterbenden
stehen immer
vor einem Teil
der Wahrheit
vor ihrer eigenen

die Lebenden
sehen im Schmerz
die Scherben der
fremden und eigenen
Vergangenheit

Unbekanntes
wie ein Traum
in Verwirrung
lässt nichts sein
wie es war

zerbrochen
wird alles sein,

was von uns
übrig sein wird
wenn wir gehen

keine Angst
lässt mich alleine
im Trubel
des Lebens
zurück

auf dem Wege
des Seins
begegnen wir
dem fremden
auch dem Tod

zerrüttelt
liegt der Tod vor uns,
noch weit weg
und doch
auch ganz nah

dem Leben
ist der Tod
nicht fremd
wir sind beiden
so nah

Bilder des anderen

Sternenklare Nacht
wie für uns gemacht
schweben Gedanken
an uns vorüber
wir tauschen sie aus
und sehen Bilder
des anderen
die unsere werden
verinnerlicht
bei uns beiden
wir sehen Bilder
auch unsere

sind keine Fiktion
sie sind wahr
jedenfalls für uns
für uns beide

Der Traum

Gerade eben
stand ich noch auf der Bühne
meines Traums,
dabei sitze ich
momentan
unter meinem Lieblingsbaum.
Alles stand irgendwie Kopf,
alles war so ganz anders
erinnere mich noch an früher,
wie es damals war,
alles war erleuchtet,
obwohl es mir zu dunkel schien.
Den Weg ich damals nicht fand
ich dabei fast verlor meinen Verstand.

Gerade eben
stand ich noch auf der Bühne
meines Traums,

dabei sitze ich
momentan

unter meinem Lieblingsbaum.
Verworren meine Gedanken,
verschwommen meine Bilder,
die ich grade noch vor mir sah.
Kann nicht inne halten,
auf der Bühne bleib' ich nicht
es geht einfach weiter,
auch wenn ich nicht wirklich will,
ich lieber verstecken und sein ganz still.

Gerade eben
stand ich noch auf der Bühne
meines Traums,
dabei sitze ich
momentan
unter meinem Lieblingsbaum.
Verschwommen sind die Bilder,

die Bilder des Tages
die Visionen der Nacht.
Es beginnt sich abzuschütteln,
der Rest des Schleiers aus der Nacht.

Allmählich gewinnt das Reale
und der Teil, der Vergangenheit
die Oberhand zurück, fast 'ne Kleinigkeit

gerade eben
stand ich noch auf der Bühne
meines Traums,
dabei sitze ich
momentan
unter meinem Lieblingsbaum.
Nun bin ich da
und hab verlassen meine Bühne

des Traums
liege wach
unter meinem wunderschönen

einzigartigen Lieblingsbaums
sehe wieder alles klar und
alles in Kunterbunt

Gewhispere

whisper

whisper

whisper

tuschl

leise

manchmal weise

doch ganz leise

niemand es hören mag

kaum jemand es zu sagen wagt

alle wissen es

sie tuscheln

leise

tuschl

whisper

whisper

whisper

Eingespannt im Leben

Arbeit
Tag für Tag
heute
morgen
in der Zukunft
und so weiter
endlich Feierabend
kochen
bügeln
und so weiter
Tag für Tag
kein Spaß
keine Freude

zusammen sein
keine Zeit mit Freunden
zusammen sein

Du, meine Liebe

ich glaube ich träume
dabei träume ich nicht
nur von dir

ich glaube ich sehe,
dabei sehe ich nichts
außer dich

ich glaube ich spreche
dabei spreche ich nicht
nur mit dir

ich glaube ich kämpfe
dabei kämpfe ich nicht
nur um dich

ich glaube ich fühle

Einer von Ihnen

ich steh' am Bahnhof
sehe viele Menschen
wie sie reden

ich sitz' im Bus
höre die Stimmen
von Menschen

laufe der Straße entlang
an Geschäften vorbei
mit vielen

bin einer von ihnen
ich bin im Auto
und höre Musik

von meinen Lieblings Stars
fliege mit dem Jet

mit vielen anderen

und sehe einen Film
laufe der Straße entlang
an Häusern vorbei

mit vielen
bin einer von ihnen

Liebe bleibt

Zeit vergeht

aber unsere Liebe bleibt

und unsere Welt dreht sich

Zeit vergeht

aber unsere Liebe bleibt

und unsere Welt verändert sich

Zeit vergeht

aber unsere Liebe bleibt

und wächst mit der Zeit

Vergangen ist der Nebel

Wintersonne
bricht durch die
Wolkenwand
den Weg
zuvor
kaum erkannt
ein Blick
zurück
auf alte Sommertage
manchmal trüb
und ohne Sonne waren
nichts ist mehr verhüllt
von dem Nebel
der Vergangenheit
und ich spüre
das Blumenmeer

von Dir ausgebreitet
lass mich tragen
und treiben
von dem unbeschreiblichen Gefühl

Du bist mein Glück

ich weiß es nicht genau
wie soll es weitergehen
irgendwie wird's schon gehen

alles was nicht geht
schiebe ich fort
ganz weit weg von mir

aber dich lass ich ganz nah
an mich rann
denn Du bist mein

ganz großes Glück
dich werde ich lieben
immer und ewig
du bist mein
ich will bei dir sein

Gegenseitiges Gefühl

ein Herz aus Glas
ich schau' hinein
berühr' es manchmal
mit meinem Gefühl
Du und Ich
sind nun Wir
wunderbares uns
Herzen berühren sich
wir schauen uns an
erkennen uns
Du und Ich
sind nun Wir

erzähl mir

erzähl mir
wie soll`s weitergehen
was soll noch geschehen

erzähl mir
wo möchtest Du hin
wo möchtest Du sein

erzähl mir
was möchtest Du sehen
was möchtest Du erleben

erzähl mir
wie möchtest Du sein
was möchtest Du sein

erzähl mir
was ist dein größter Wunsch
wie sieht aus dein Traum

Ein Tiger

Tag für Tag
Nacht für Nacht
bist Du bei mir
Stunde um Stunde
Sekunde um Sekunde
verbringst Du mit mir
jeden Tag
Nacht für Nacht
jede Stunde
Sekunde um Sekunde
schleichst Du wie ein Tiger
um mich herum
lässt mich nicht aus den Augen

wie ein Tiger seine Beute
irgendwann wird's anders sein
freu mich jetzt schon darauf

Du bist immer da

ich sitze in meinem Zimmer
so ganz alleine, aber mit Dir
Du bist jedes mal dabei,
egal wo Du auch immer bist,
ich trage dich in mir
tief in meinem Herzen

ich sitze in meinem Zimmer
so ganz alleine, aber mit Dir
ich kann dich nicht vergessen
ich seh' dich neben mir
egal wo du auch immer bist
fühle mich nicht wirklich allein

ich sitze in meinem Zimmer
so ganz alleine, aber mit Dir

bin ich nicht einsam
Du bist mir ganz nah

was immer auch geschieht
ich denke sooft an dich

ich sitze in meinem Zimmer
so ganz alleine, aber mit Dir
bin ich dir so unbeschreiblich nah
manchmal wünschte ich mir
ich wäre Du, dann wäre ich stark
und dir noch näher als nah

Fragezeichen

niemand mehr hier
in meiner Mitte
kein Bild von Dir
liegt in mir
weit, weit so weit
kein Land weit und breit

Fesseln

umnebelt
meine Gedanken
wie Fesseln
lähmen sie
alles steht
still
nichts bewegt sich
wie gefesselt
von Gedanken
von Gedanken
getragen
von vergangenem
die Gegenwart
wie gefesselt
und doch frei
im tiefen
des Herzens

die Seele ruht
in sich
wie aufgewühlt
vom tosendem Meer

Du wirst verstehen

bin nicht mehr
da für Dich
nur noch
jeder für sich
Du wirst seh´n
es wird schon geh´n
jeder für sich
es geht auch
ohne Dich
jeder für sich
es geht auch
ohne mich
für Dich
vielleicht
wird's sich
dreh´n

irgendwann
wir können´s
verstehen
die Welt wird
sich weiter dreh´n

Es geht weiter

es geht weiter´
gehe so weit ich seh
ich denk´
es geht so weiter
gehe dir immer
einen schritt voraus
du siehst es
vor und hinter dir
passe auf
pass´gut auf Dich auf
Dich gibt's nur einmal
es wär´ schade
um Dich und mich
Für uns

ich sage
es geht weiter
für uns

es geht weiter
für dich

es geht weiter
für mich
es geht weiter
für dich und mich
es geht weiter
für uns alle
so soll es weiter geh'n
für uns

für uns alle
für dich und mich
denn wir lieben uns alle

die Wahrheit

sag mir die Wahrheit
ich muss sie wissen
es könnte schmerzen
nehm' es in Kauf
vielleicht wird's ganz anders
könnt' sein ich freu' mich drauf
mag sein es wäre anders

Gerede der anderen

reden
alle reden
über alles
und jeden

immer wieder
immer neu
jedoch
ist es nur ein Schein
steckt nichts dahinter

alle Reden
sind so leer
keiner der wirklich
was sagt

jeder der redet
glaubt sich

wichtig
zu sein
ist es nur ein Schein
steckt nichts dahinter

Alles bewegt sich

was dich bewegt
wird sich verdrehen
wird sich verändern
lass es sich ergehen
was sich bewegt
wird sich vergehen
wird sich ändern
was sich bewegt
kann sich um sich drehen
kann sich verändern

Ich seh´ Dich...

Ich seh´ Dich
und ich berühr´ Dich
ich seh´ Dich
und ich fühl´ Dich
ich seh´ Dich
und ich spür´ Dich

berühr´ mich
und verführ´ mich

Gefühl und Verstand
so unterschiedlich
ich seh´ Dich
auch im Dunkeln
ich seh´ Dich
mit zuhen Augen

Du bist immer bei mir
ich bin immer bei Dir
wir sind für einander da

Nur einen Schein

wie kann es nur sein

gibt es nur einen Schein

wie weit mag es gehen

unser eigens geschehen

weiter mag es uns geschehen

Ereignisse sind unser gesehen

weiter mag uns geschehen

wir haben es gesehen

wie kann es nur sein

gibt es nur einen Schein

Mitten in der Nacht

Ich liege wach
mitten in der Nacht
und kann nicht schlafen

Gedanke kreisen in mir
und um mich herum
sie beschäftigen mich

immer wieder
mal ist in mir
und um mich herum
alles leer,

manchmal auch
ganz weit weg
und dann wieder
wahnsinnig nah

Bilder der Fantasie
und auch der Wirklichkeit

Momente der Vergangenheit
Augenblicke des Hier und Jetzt

halten mich wie gefangen
komm nicht von ihnen los
sie berühren mich
halten mich wach

mitten in der Nacht
ich schlafe nicht ein
es geht weiter
immer wieder
sie umkreisen und
fesseln mich

Stunden brauch´ ich
um los zu lassen
mich gelöst zu fühlen

Bilder zum Träumen
berühren mich
es beginnt was zu schlummern

und endlich beginnt
der Schlaf

Lass es zu, es geht weiter

raus
einfach raus
ganz hinaus
es gibt kein Zurück

gehe
gehe weiter
einfach weiter
es gibt kein zurück

lass es zu
lass es immer zu
immer wieder zu
es gibt kein zurück

hinein
schau hinein
in dich hinein

es gibt kein zurück

nicht zurück
halte nicht's zurück
halte gar nichts zurück
es gibt kein zurück

warte
warte niemals
erwarte nichts
es gibt kein zurück

handele
handele stets
handele immer bedacht
es gibt kein zurück

Niemals ohne Dich

Wenn Du gehst
lass mich nicht allein´
denn die Liebe will bei uns sein
wenn Du meinst
bitte niemals ohne Mich
denn ich will immer bei Dir sein
wenn es scheint
dann lass es sein
nur ohne Dich will ich nicht sein
wenn es geht
dann nicht ohne mich
ein ohne Dich gibt es für mich nicht

Nochmal

Bitte dreh´dich
nochmal um
bevor du gehst
schau nochmal zurück
einen kurzen Blick
denk´nochmal nach
willst du wirklich geh´n
sag war die Zeit
nicht sehr schön
nimm alles Gute mit
nach vorn´,
geh´deinen Weg
wie du glaubst
gehen zu müssen

Nur die Liebe zählt

wir ziehen durch das Land
erleben die vielen Farben
die Farben dieser Welt
sind die vielen Farben
nicht die Bauten die Zählen
worauf es ankommt
bist Du und Ich
nur die Liebe zählt

Zusammen ein Ganzes

gehe auf dem Asphalt
er ist heiß
weit entfernt
schwirrt der Boden
neben mir
blühen viele Blumen
blühen im Sommerwind
bewegen sich
im Sonnenschein
sie leben für sich
und sind doch
nur zusammen
ein ganzes Bild

Was ich Dir schenke

ich schenke Dir
meine Liebe
ich schenke Dir
mein Leben
ich schenke Dir
mein Lächeln
ich schenke Dir
meine Zeit
ich schenke Dir
alles was ich hab´

im Nebel

meine Ruhe ist hin,
meine Ruhe ist fort
seh´sie nicht
ist verschwommen
wie im Nebel
kein Leben weit und breit
im Nirgendwo verschollen
streift an uns vorbei
wie im Nebel

Was mich bewegt

was mich bewegt
das ist dein ansinnen
was mich regt
das ist dein besinnen
was mir scheint
das ist das große Sein
was sich reimt
das ist der große Schein
was weiter geht
ist das zweite geschehen
was auch geschieht
ist unser großes ansehen
was auch geschieht
ist immer unter uns
das sich wie bewegt
ist immer mein einziges uns

Was geschieht

was geschieht
hier
in unserer Welt
was geschieht
um uns
herum
was geschieht
durch
die anderen
was geschieht
während wir
dabei zu schauen
was geschieht
während wir
nichts tun
was auch geschieht
wir dürfen
nicht dabei zusehen

mein Weg

das Fenster des Hauses
war lange zu
hab´versucht
herauszufinden
wozu
nie wirklich fand ich
eine Antwort
viele Jahre vergingen
ohne Sinn
wusste nie genau
wohin
spürte nur
der Weg ist das Ziel
und irgendwann
sah ich
durch das offene Fenster
Dich
wusste nicht, was geschah
mit mir

es stach mich direkt
in mein schweres Herz

Wie geht's weiter

nichts auf dieser Welt
gibt's was mich hält
keiner der mich weit verstellt
keiner der mich weit verhellt
es geht weiter so wie's mir gefällt
nichts weiter wie's mir gefällt
weiter geht's wie's weiter gehen soll
es geht weiter ohne Groll

Was war wird anders sein

was war wird auch sein
was geschah wird nicht anders werden
geschehenes wird nicht sein
sondern wird nicht anders werden
wir werden alles anders sehen
anders als es bisher gewesen war
nichts ist so wie es war
wir werden alles anders sehen

was auch geschieht

Sie wusste nicht
was sie tat

Er ahnte nicht
was er tat

sie sahen nicht
was sie sahen

sie dachten nicht
was sie dachten

Er durchschaute nicht
was auch geschah

Sie durchblickte nicht
was zu durchschauen war

Die Welt mit dir

Die Welt ist mit dir
einfach schön.
Denn dich
gibt auch nur einmal.

so wie sie mit dir ist,
ist es wunderschön.
Denn dich
gibt auch nur einmal

die Welt ist mit dir
einfach wunderbar.
Denn dich
gibt auch nur einmal

so wie sie mit dir ist,
ist sie nicht sonderbar.

Denn dich
gibt auch nur einmal

Sie ist durch dich
etwas besonderes.
Denn dich
gibt auch nur einmal

ich erlebe sie durch dich,
als was einzigartiges.
Denn dich
gibt auch nur einmal

Beziehung

eine Mauer

hochgezogen

Stein für Stein

eigenhändig

von uns

im Laufe der Zeit

Der Sinn im Leben

Manchmal frage ich mich nach dem Sinn
ob im Leben oder im tun,
der Menschen im Allgemeinen
oder bei mir ins Besondere,
welchen Sinn wir auch sehen,
welche Hoffnung wir in uns tragen,
wir senden sie nach außen,
davon zehren auch die anderen,
die gerade um uns schweben,
jeder gibt, jeder nimmt,
mal mehr, mal weniger,
die Balance gibt sich immer wieder.
Nur wer diese nicht findet,
wird die innere Unruhe spüren,
solange bis man gelernt hat,
dass das Gleichgewicht
für uns alle wichtig ist

Genieße jeden Augenblick,
halt ihn fest und

lass ihn wieder los,
dass ist der Weg,
der vor und hinter uns liegt.

Der Traum
ist das wirkliche leben

Der Traum
ist wie Wirklichkeit
das ist
keine Schwierigkeit
es ist nur,
eine Kleinigkeit
tags drauf
hilft keine Müdigkeit

Es geht vorwärts
nicht nur zurück
uns begegnet
das große Glück
jede Nacht
ist wie verrückt

wir haben mehr
von unserem Lebensglück

tief verwurzelt
sind stark verbunden
sind wir
für viele Stunden
sie vergehen
in den Sekunden
wir haben uns
wie aus dem nichts gefunden

Reichtum

Es liegt uns zu Füßen
würden es begrüßen
doch können wir es nicht sehen
wir können es nicht begreifen
nicht erfassen, obwohl
so zum Greifen nach
wir müssten blind sein
oder auch noch taub
doch wir sehen und hören alles
nehmen es nur nicht wahr
klagen nur um unser sein
wissen nur um Schäden
in unsere Zeit der Zärtlichkeit

Der lauf des Lebens

Zugvögel rauschen am Horizont
sie ziehen gen Süden
sie verlassen unser Land
ohne zu wissen, was geschieht
die Hoffnung bleibt bestehen
der Süden ist so schön
und für sie so nah
die Rückkehr steht bevor
das ist gewiss
wir ziehen durch die Lande
und erfahren unsagbar viel
Unterschiedlichkeiten

Der Weg vor uns

Ein Blick zurück
ein Blick nach vorn´
mal nach links
manchmal nach rechts
bist in einem Blumenfeld
überall ringsherum
dieser besondere Duft
verführerisch dir
verschiedene Wege zeigt
nimm sie an
und nutze deine Chance
der Weg liegt vor uns

Die Farbe dieser Welt

die Farbe dieser Welt
liegt im Auge
des Betrachters

sagst Du
sie wäre GRÜN
denke ich
sie ist BLAU
sehe manchmal
auch ROT

Du siehst
nur Dein GRÜN
vielleicht ist es
aber auch etwas
BLAUGRÜN

sehen wir richtig
wer weiß es schon

Das Licht bist Du

meine Kerze
fast schon ausgelöscht
hast Du
wieder angezündet
hast viel Licht
ins Dunkel gebracht
halt es fest
lass es los
ein kleiner Rest
Lebensenergie
lässt die Flamme
hell erleuchten
Riesengroß

Der Weg liegt vor uns

ich renne und ich krieche
mal langsam, mal schnell
die wunderbare Blume rieche
genieße ein Bild in pastell

wie es mir gefällt
was andere denken
mich keiner mehr hält
können sich's selber schenken

ich gehe meinen Weg
nicht einfach geradeaus
hält mich nichts auf einem Steg
bricht es aus mir raus

wie es weiter geht
steht noch in den Sternen

bis wir sehen wie es um uns steht
werden wir noch weiter lernen

jedes Lernen bringt was Gutes
jedes sehen wird sich zeigen
auch jeder Strahl, ich denke, tut es
was sinnliches hat zu schweigen

Die liebe lebt

Die Natur liegt vor uns,
brauchen nur zugreifen
alles lebt
alles wächst
alles gedeiht
alles verändert sich
die liebe liegt vor uns
brauchen nur zugreifen
alles liebt
alles blüht
alles entwickelt sich

das hier und jetzt

Gerade mit dem Teddy gespielt
und jetzt am Computer hantiert
Zeit verfliegt in Sekunden
wir haben in uns drin
alles verankert,
was unser Leben ausmacht
und neues hinzu erhalten
es geht weiter und
wird niemals enden,
erst mit dem körperlichen zerfall,
dann ändert sich
die Dimension unseres Seins,
wir werden sehen
was daraus wird
wir haben es in unserer Hand

Die liebe

die Liebe
ist das größte Glück
im Leben
eines Menschen

die Liebe
berührt
uns an vielen Stellen
immer wieder

die Liebe
begleitet
uns und unsere Lieben
ein Leben lang

die Liebe
hält uns
durch unsere Lieben
aufrecht

die Liebe,
sie lässt
uns mit unseren Lieben
wachsen

die Liebe
ist nicht nur
sondern für uns
alle da

Die Stimme

Saß g´rade noch im Warteraum,
so eben im Hauptzimmer
und höre der Stimme zu,
wie sie sagt, was so wäre
und was ich tun könnt,
weiß mir keinen Rat
und wie´s weitergehen soll.

Lösungen alle da, aber
nicht wirklich greifbar
Stehe mit leeren Händen dar,
mir selbst gegenüber.
Weiter geht's
in andre Richtungen.

Es ist ein Wagnis,
was sich mir auf tut.
Weiß es wird weitergehen.
Die Sonne wird schon
wieder auferstehen,

der Mond folglich
untergehen.

Zu weit gegangen

zu weit

      es geht

      nicht mehr

      zurück

zu weit

      es geht

      nur noch

      nach vorn

zu weit

      es geht

      immer noch

      einfach weiter

      geradeaus

zu weit

      es gibt

      nichts

      zu bereuen

zu weit

      ging es
      wirklich nicht

Immer noch nah

Du bist noch bei mir
immer noch so nah
unwahrscheinlich nah
spüre noch immer Deine Haut
so al wärst Du neben mir
hör noch immer Deine Stimme
als sprichst Du noch mit mir
sehe Dein schönes Gesicht
so als stündest Du noch neben mir
rieche noch immer Deinen Duft
als wärst Du immer noch da
spüre noch immer Deine Haare
als streichle ich immer
noch deinen Kopf

Du bist noch immer noch da
unwahrscheinlich nah

Liebe bleibt

Zeit vergeht
aber unsere Liebe bleibt
und die Welt dreht sich
Zeit vergeht
aber unsere liebe bleibt
und die Welt verändert sich
Zeit vergeht
aber unsere Liebe bleibt
und wächst mit der Zeit

Gegensätze

Schaue in die Vergangenheit
blicke aber auch in die Zukunft
gehe nicht nur geradeaus
versuche neue Wege zu gehen
es öffnet sich eine neue Welt
sie liegt in unseren Händen

Liebe kann man nicht...

Liebe kann man nicht anfassen
sie lässt sich nicht einfangen
Liebe kann man nicht aufhalten
sie lässt sich nicht einsperren
Liebe kann man nicht festhalten
sie lässt sich nicht loslassen
Liebe kann man nicht bewerten
sie lässt sich nicht

Kalte Gefühle

Die letzten Sonnenstrahlen
läuten den Herbst ein
huschen über unsere Haut
und erwärmen uns
auch von außen
im Inneren sind unsere Liebsten
der Ofen, der uns wärmt
wir genießen es
und erfreuen uns daran
tanken auf
für die kalte Jahreszeit
nur die kalten Gefühle
unserer Mitmenschen
brauchen wir nicht,
wollen wir nicht

Mein Herz verloren

Habe mein Herz verloren,
habe es bei dir gefunden.
Die Liebe ward bei dir geboren
und hat uns tief verbunden.

Auf ein Leben lang,
ganz und gar für immer.
Macht mich gar nicht bang,
nie und nimmer.

Gemeinsam des Weges gehen,
wie die Störche gen Süden ziehen.
Den Sonnenaufgang morgens sehen
um dem Winter zu entfliehen.

Unser Ziel gemeinsam erreichen
wir vieles mit uns erleben
senden uns oft ein Zeichen

wir alles von und für uns geben

Sag mir ein liebes Wort
schon spüre ich die Wärme
auch an manchem kalten Ort
bin ich mit dir ganz gerne

Neues Leben
Neues Glück

ich bin entzückt,
ein klein wenig auch verrückt
doch wer ist schon normal
auf diesem Erdental
nicht gestrandet
nur gelandet
weiter gehe ich geradeaus
suche den Applaus
etwas Anerkennung
mit riesigem Schwung
das ist wunderbar
und auch Sonnenklar

die Liebe zählt

Nur einsam und verlassen
in deinem Horizont belassen
ohne Schranken geht es nicht
deine Schranken sind verwirrt
du bist in ihnen verirrt

verlässt dein Schneckenhaus
nur selten, besser gar nicht raus
doch ist es dort spannend
es läuft alles drunter und drüber
es scheint nicht viel trüber

der Schein trügt uns immer wieder
wie der Regen schallt er auf uns hernieder
wir können ihn abwehren
gehen manchmal in die große, weite Welt
halten zusammen, weil's die Liebe hält

Illusionen

Wenn es mir gut geht,
erwerbe ich nicht viel,
an Gütern,
die Luxus bedeuten

erfreue mich an
dem was ich hab,
es tut gut
sie zu betrachten,
lenkt ab
von den eigenen Gedanken.

Beschäftigt mit dem,
was sie mit mir verbinden
genieße ich Konsum,
weil ich beim konsumieren

alles um mich herum vergesse

denke nicht mehr an den Tag
der vor mir liegt,
oder den der in Vergessenheit geriet.

Schwebe in Gefühlen
von Illusionen

Für mich, für dich

Vor mir auf dem Asphalt
liegt unentdeckt dein Herz
wie im Nebel liegt es verschleiert
aber ich erkenne es, bin entzückt
Hebe es auf und wünsche mir
dass es beginnt zu schlagen
für mich, für uns
die Zeit wird es uns zeigen
was für uns übrigbleibt
ich nehme es, wie es kommt
und gebe das Beste
für uns , für mich und auch für Dich

ich liebe Dich

Hoffnung um die Liebe

Wenn nicht die Hoffnung wär
wüsst ich keinen Weg
Wenn es nur noch Sorgen gäb
wüsst ich keinen Weg
Wenn nicht die Liebe wär
wüsst ich keinen Weg
Wenn's nur die Sonne gäb
wüsst ich einen Weg
Wenn nicht die Sehnsucht wär
wüsst ich keinen Weg
Wenn's auch den Mond nicht gäb
wüsst ich keinen Weg
Wenn nur die Angst noch wär
wüsst ich keinen Weg
Wenn es nur unsere Liebe gäb
wüsst ich unseren Weg

lauf lauf lauf lauf

ein leben lang
läufst du deinen Lebenslauf
es geht weiter
werd´ wenigstens zweiter
Lauf lauf, lauf lauf
deinen Lebenslauf
ein Ziel
vor den Augen
Lauf lauf, lauf lauf
deinen Lebenslauf
was ich seh´
will ich glauben
Lauf lauf, lauf lauf
deinen Lebenslauf
auch was ich nicht seh´
möchte ich verstehen

Lauf lauf, lauf lauf
deinen Lebenslauf
was auch vor sich geht

ich lass´ es geschehen
Lauf lauf, lauf lauf
deinen Lebenslauf
es geht weiter
wir werden es sehen
Lauf lauf, lauf lauf
deinen Lebenslauf

sonnenaufgang

wie ein Sonnenaufgang
ist unser Tag auch an
Regentagen, denn
es lebt in uns

Schweben

Meine Seele schwebt
um dich herum
sie ist immer bei dir
vergisst dich niemals
denn wir sind eins
die liebe hält uns zusammen

Meine Seele schwebt
um dich herum
sie sucht dich
immer wieder aufs neue
denn nichts bleibt wie es ist
wir gehören zusammen

Es geht nicht weiter

Ich sehe die erste Seite
mein Kopf ist leer
weiß nicht, was ich schreiben kann
ich weiß es nimmer nimmer mehr

denke an so viele Dinge
finde keine Worte
was denn da nun ginge
schon bin ich an einem anderen Ort

vertrieben, verschoben, einfach weiter
wo sind sie hin
manchmal ist es sonnig, manchmal heiter
sie werden da sein, wenn es nötig ist

wird sich schon was finden
tief in uns drin

haben wir die Antwort
tief in uns drin

wir gehen tiefer in uns
werden sehen
was die liebe für uns
und unser Leben bereit hält

© 2021
Herstellung und Verlag: BoD – Books on Demand,
Norderstedt
ISBN: 978-3-7528-7707-6